Johann Wolfgang Goethe

Wie herrlich leuchtet mir die Natur

Gedichte und Bilder

Herausgegeben
von Hans-Joachim Simm

Insel Verlag

Insel-Bücherei Nr. 1240

Wie herrlich leuchtet mir die Natur

Allee in der Villa Borghese
1787

Zueignung

Der Morgen kam; es scheuchten seine Tritte
Den leisen Schlaf, der mich gelind umfing,
Daß ich erwacht, aus meiner stillen Hütte
Den Berg hinauf mit frischer Seele ging;
Ich freute mich bei einem jeden Schritte
Der neuen Blume die voll Tropfen hing;
Der junge Tag erhob sich mit Entzücken,
Und alles war erquickt mich zu erquicken.

Und wie ich stieg, zog von dem Fluß der Wiesen
Ein Nebel sich in Streifen sacht hervor.
Er wich und wechselte mich zu umfließen
Und wuchs geflügelt mir um's Haupt empor:
Des schönen Blicks sollt' ich nicht mehr genießen,
Die Gegend deckte mir ein trüber Flor;
Bald sah' ich mich von Wolken wie umgossen,
Und mit mir selbst in Dämmrung eingeschlossen.

Auf einmal schien die Sonne durchzudringen,
Im Nebel ließ sich eine Klarheit sehn.
Hier sank er leise sich hinabzuschwingen;
Hier teilt' er steigend sich um Wald und Höhn.
Wie hofft' ich ihr den ersten Gruß zu bringen!
Sie hofft' ich nach der Trübe doppelt schön.
Der luft'ge Kampf war lange nicht vollendet,
Ein Glanz umgab mich und ich stand geblendet.

Bald machte mich die Augen aufzuschlagen
Ein inn'rer Trieb des Herzens wieder kühn,
Ich konnt' es nur mit schnellen Blicken wagen;

Denn alles schien zu brennen und zu glühn.
Da schwebte mit den Wolken hergetragen
Ein göttlich Weib vor meinen Augen hin,
Kein schöner Bild sah' ich in meinem Leben,
Sie sah' mich an und blieb verweilend schweben.

Kennst du mich nicht? sprach sie mit einem Munde,
Dem aller Lieb' und Treue Ton entfloß:
Erkennst du mich? die ich in manche Wunde
Des Lebens dir den reinsten Balsam goß?
Du kennst mich wohl, an die zu ew'gem Bunde
Dein strebend Herz sich fest und fester schloß.
Sah' ich dich nicht mit heißen Herzenstränen
Als Knabe schon nach mir dich eifrig sehnen?

Ja, rief ich aus, indem ich selig nieder
Zur Erde sank, lang' hab' ich dich gefühlt;
Du gabst mir Ruh', wenn durch die jungen Glieder
Die Leidenschaft sich rastlos durchgewühlt;
Du hast mir wie mit himmlischem Gefieder
Am heißen Tag die Stirne sanft gekühlt;
Du schenktest mir der Erde beste Gaben,
Und jedes Glück will ich durch dich nur haben.

Dich nenn' ich nicht. Zwar hör' ich dich von vielen
Gar oft genannt, und jeder heißt dich *sein*,
Ein jedes Auge glaubt auf dich zu zielen,
Fast jedem Auge wird dein Strahl zur Pein.
Ach da ich irrte, hatt' ich viel Gespielen,
Da ich dich kenne, bin ich fast allein;
Ich muß mein Glück nur mit mir selbst genießen,
Dein holdes Licht verdecken und verschließen.

Sie lächelte, sie sprach: Du siehst, wie klug,
Wie nötig war's euch wenig zu enthüllen!
Kaum bist du sicher vor dem gröbsten Trug,
Kaum bist du Herr vom ersten Kinderwillen;
So glaubst du dich schon Übermensch genug,
Versäumst die Pflicht des Mannes zu erfüllen!
Wie viel bist du von andern unterschieden?
Erkenne dich! leb' mit der Welt in Frieden.

Verzeih mir, rief ich aus, ich meint' es gut,
Soll ich umsonst die Augen offen haben?
Ein froher Wille lebt in meinem Blut,
Ich kenne ganz den Wert von deinen Gaben!
Für andre wächst in mir das edle Gut,
Ich kann und will das Pfund nicht mehr vergraben!
Warum sucht' ich den Weg so sehnsuchtsvoll,
Wenn ich ihn nicht den Brüdern zeigen soll?

Und wie ich sprach, sah' mich das hohe Wesen
Mit einem Blick mitleid'ger Nachsicht an;
Ich konnte mich in ihrem Auge lesen,
Was ich verfehlt und was ich recht getan.
Sie lächelte, da war ich schon genesen,
Zu neuen Freuden stieg mein Geist heran:
Ich konnte nun mit innigem Vertrauen
Mich zu ihr nahn und ihre Nähe schauen.

Da reckte sie die Hand aus in die Streifen
Der leichten Wolken und des Dufts umher,
Wie sie ihn faßte ließ er sich ergreifen,
Er ließ sich ziehn, es war kein Nebel mehr.
Mein Auge konnt' im Tale wieder schweifen,

Gen Himmel blickt' ich, er war hell und hehr.
Nur sah' ich sie den reinsten Schleier halten,
Er floß um sie und schwoll in tausend Falten.

Ich kenne dich, ich kenne deine Schwächen,
Ich weiß was Gutes in dir lebt und glimmt!
So sagte sie, ich hör' sie ewig sprechen,
Empfange hier was ich dir lang' bestimmt,
Dem Glücklichen kann es an nichts gebrechen,
Der dies Geschenk mit stiller Seele nimmt;
Aus Morgenduft gewebt und Sonnenklarheit,
Der Dichtung Schleier aus der Hand der Wahrheit.

Und wenn es dir und deinen Freunden schwüle
Am Mittag wird, so wirf ihn in die Luft!
Sogleich umsäuselt Abendwindes Kühle,
Umhaucht euch Blumen-Würzgeruch und Duft.
Es schweigt das Wehen banger Erdgefühle,
Zum Wolkenbette wandelt sich die Gruft,
Besänftiget wird jede Lebenswelle,
Der Tag wird lieblich, und die Nacht wird helle.

So kommt denn, Freunde, wann auf Euern Wegen
Des Lebens Bürde schwer und schwerer drückt,
Wenn Eure Bahn ein frischerneuter Segen
Mit Blumen ziert, mit goldnen Früchten schmückt,
Wir gehn vereint dem nächsten Tag' entgegen!
So leben wir, so wandeln wir beglückt,
Und dann auch soll, wenn Enkel um uns trauern,
Zu ihrer Lust noch unsre Liebe dauern.

Mit einem gemalten Band

Kleine Blumen, Kleine Blätter
Streuen mir mit leichter Hand
Gute junge FrühlingsGötter
Tandlend auf ein luftig Band

Zephier nimms auf deine Flügel
Schlings um meiner Liebsten Kleid
Und dann tritt sie für den Spiegel
Mit zufriedener Munterkeit

Sieht mit Rosen sich umgeben
Sie wie eine Rose jung
– einen Kuß geliebtes Leben
Und ich bin belohnt genung,

Schicksal Segne diese trieben
Laß mich ihr und laß Sie mein
Laß das Leben unsrer Liebe
Doch kein Rosen Leben sein

Mädgen das wie ich Empfindet
Reig mir deine Liebe Hand
Und das Band das uns verbindet
Sei kein schwaches Rosen Band.

Flußlandschaft mit Brücke
1786

Die Nacht

Gern verlaß ich diese Hütte,
Meiner Liebsten Aufenthalt,
Wandle mit verhülltem Tritte
Durch den ausgestorbnen Wald.
Luna bricht die Nacht der Eichen,
Zephirs melden ihren Lauf,
Und die Birken streun mit Neigen
Ihr den süßten Weihrauch auf.

Schauer, der das Herze fühlen,
Der die Seele schmelzen macht,
Flüstert durchs Gebüsch im Kühlen.
Welche schöne, süße Nacht!
Freude! Wollust! Kaum zu fassen!
Und doch wollt' ich, Himmel, dir
Tausend socher Nächte lassen,
Gäb' mein Mädgen Eine mir.

Die Freuden

Da flattert um die Quelle
Die wechselnde Libelle,
Der Wasserpapillon,
Bald dunkel und bald helle,
Wie der Chamäleon;
Bald rot und blau, bald blau und grün.
O daß ich in der Nähe
Doch seine Farben sähe!

Da fliegt der Kleine vor mir hin
Und setzt sich auf die stillen Weiden.
Da hab ich ihn!
Und nun betracht ich ihn genau,
Und seh ein traurig dunkles blau.
So geht es dir Zergliedrer deiner Freuden!

Unbeständigkeit

Im spielenden Bache da lieg ich wie helle!
Verbreite die Arme der kommenden Welle,
Und buhlerisch drückt sie die sehnende Brust.
Dann trägt sie ihr Leichtsinn im Strome darnieder,
Schon naht sich die zweite und streichelt mich wieder,
Da fühl ich die Freuden der wechselnden Lust.

O Jüngling sei weise, verwein' nicht vergebens
Die fröhlichsten Stunden des traurigen Lebens
Wenn flatterhaft je dich ein Mädgen vergißt.
Geh, ruf sie zurücke die vorigen Zeiten,
Es küßt sich so süße der Busen der Zweiten,
Als kaum sich der Busen der Ersten geküßt.

Ganymed

Wie im Morgenrot
Du rings mich anglühst
Frühling Geliebter!
Mit tausendfacher Liebeswonne
Sich an mein Herz drängt
Deiner ewigen Wärme
Heilig Gefühl
Unendliche Schöne!

Daß ich dich fassen möcht
In diesen Arm!

Ach an deinem Busen
Lieg ich, schmachte,
Und deine Blumen dein Gras
Drängen sich an mein Herz
Du kühlst den brennenden
Durst meines Busens
Lieblicher Morgenwind!
Ruft drein die Nachtigall
Liebend nach mir aus dem Nebeltal.

Ich komme! Ich komme!
Wohin? Ach wohin?

Hinauf hinauf strebts!
Es schweben die Wolken
Abwärts die Wolken,
Neigen sich der sehnenden Liebe.

Mir! Mir
In eurem Schoße
Aufwärts!
Umfangend umfangen!
Aufwärts
An deinem Busen
Alliebender Vater!

Mailied

Wie herrlich leuchtet
Mir die Natur!
Wie glänzt die Sonne!
Wie lacht die Flur!

Es dringen Blüten
Aus jedem Zweig,
Und tausend Stimmen
Aus dem Gesträuch,

Und Freud und Wonne
Aus jeder Brust.
O Erd o Sonne
O Glück o Lust!

O Lieb' o Liebe,
So golden schön,
Wie Morgenwolken
Auf jenen Höhn;

Du segnest herrlich
Das frische Feld,
Im Blütendampfe
Die volle Welt.

O Mädchen Mädchen,
Wie lieb' ich dich!
Wie blinkt dein Auge!
Wie liebst du mich!

So liebt die Lerche
Gesang und Luft,
Und Morgenblumen
Den Himmels Duft,

Wie ich dich liebe
Mit warmen Blut,
Die du mir Jugend
Und Freud und Mut

Zu neuen Liedern,
Und Tänzen gibst!
Sei ewig glücklich
Wie du mich liebst!

Auf dem See

Ich saug an meiner Nabelschnur
Nun Nahrung aus der Welt.
Und herrlich rings ist die Natur
Die mich am Busen hält.
Die Welle wieget unsern Kahn
Im Rudertakt hinauf
Und Berge Wolken angetan
Entgegnen unserm Lauf.

Aug mein Aug was sinkst du nieder
Goldne Träume kommt ihr wieder
Weg du Traum so Gold du bist
Hier auch Lieb und Leben ist.
Auf der Welle blinken
Tausend schwebende Sterne
Liebe Nebel trinken
Rings die türmende Ferne
Morgenwind umflügelt
Die beschattete Bucht
Und im See bespiegelt
Sich die reifende Frucht

Stürmische See
1787

Im Herbst 1775

Fetter grüne du Laub
Das Rebengeländer
Hier mein Fenster herauf
Gedrängter quillet
Zwillingsbeeren, und reifet
Schneller und glänzend voller
Euch brütet der Mutter Sonne
Scheideblick, euch umsäuselt
Des holden Himmels
Fruchtende Fülle.
Euch kühlet des Monds
Freundlicher Zauberhauch
Und euch betauen, Ach!
Aus diesen Augen
Der ewig belebenden Liebe
Vollschwellende Tränen.

Kenner und Künstler

Kenner

Gut brav mein Herr! Allein
Die linke Seite
Nicht ganz gleich der rechten!
Hier zuckts ein wenig
Und die Lippe
Nicht ganz Natur
Noch alles so tot.

Künstler

O ratet! Helft mir
Daß ich mich vollende
Wo ist der Urquell der Natur
Daraus ich schöpfend
Himmel fühl und Leben
In die Fingerspitzen empor
Daß ich mit Göttersinn
Und Menschenhand
Vermög zu bilden
Was bei meinem Weib
Ich animalisch kann und muß.

Kenner

Da sehen Sie zu.

Künstler

So!

An den Mond

Füllest wieder 's liebe Tal
Still mit Nebelglanz
Lösest endlich auch einmal
Meine Seele ganz

Breitest über mein Gefild
Lindernd deinen Blick
Wie der Liebsten Auge, mild
Über mein Geschick

Das du so beweglich kennst
Dieses Herz im Brand
Haltet ihr wie ein Gespenst
An den Fluß gebannt

Wenn in öder Winternacht
Er von Tode schwillt
Und bei Frühlingslebens Pracht
An den Knospen quillt.

Selig wer sich vor der Welt
Ohne Haß verschließt
Einen Mann am Busen hält
Und mit dem genießt,

Was den Menschen unbewußt
Oder wohl veracht
Durch das Labyrinth der Brust
Wandelt in der Nacht.

Der Fischer

Das Wasser rauscht', das Wasser schwoll
Ein Fischer saß daran,
Sah nach dem Angel ruhevoll,
Kühl bis ans Herz hinan.
Und wie er sitzt und wie er lauscht,
Teilt sich die Flut empor;
Aus dem bewegten Wasser rauscht
Ein feuchtes Weib hervor.

Sie sang zu ihm, sie sprach zu ihm:
Was lockst du meine Brut,
Mit Menschenwitz und Menschenlist,
Hinauf in Todesglut?
Ach! Wüßtest du, wie's Fischlein ist
So wohlig auf dem Grund,
Du stiegst herunter, wie du bist,
Und würdest erst gesund.

Labt sich die liebe Sonne nicht,
Der Mond sich nicht im Meer?
Kehrt wellenatmend ihr Gesicht
Nicht doppelt schöner her?
Lockt dich der tiefe Himmel nicht,
Das feuchtverklärte Blau?
Lockt dich dein eigen Angesicht
Nicht her in ew'gen Tau?

Das Wasser rauscht', das Wasser schwoll,
Netzt' ihm den nackten Fuß;

Sein Herz wuchs ihm so sehnsuchtsvoll,
Wie bei der Liebsten Gruß.
Sie sprach zu ihm, sie sang zu ihm;
Da war's um ihn geschehn:
Halb zog sie ihn, halb sank er hin,
Und ward nicht mehr gesehn.

Um Mitternacht wenn die Menschen erst schlafen
Dann scheinet uns der Mond
Dann leuchtet uns der Stern,
Wir wandlen und singen
Und tanzen erst gern.

Um Mitternacht
Wenn die Menschen erst schlafen
Auf Wiesen an den Erlen
Wir suchen unsern Raum
Und wandlen und singen
Und tanzen einen Traum.

Sag ich's euch geliebte Bäume
Die ich ahndevoll gepflanzt
Als die wunderbarsten Träume
Morgenrötlich mich umtanzt.
Ach ihr wißt es wie ich liebe,
Die so schön mich wieder liebt,
Die den reinsten meiner Triebe
Mir noch reiner wiedergibt.

Wachset wie aus meinem Herzen
Treibet in die Luft hinein
Denn ich grub viel Freud und Schmerzen
Unter eure Wurzeln ein
Bringet Schatten traget Früchte
Neue Freude jeden Tag
Nur daß ich sie dichte dichte
Dicht bei ihr genießen mag.

An die Zikade

nach dem Anakreon

Selig bist du, liebe Kleine,
Die du auf der Bäume Zweigen,
Von geringem Trank begeistert,
Singend, wie ein König lebest!
Dir gehöret eigen alles,
Was du auf den Feldern siehest,
Alles, was die Stunden bringen;
Lebest unter Ackersleuten,
Ihre Freundin, unbeschädigt,
Du den Sterblichen verehrte,
Süßen Frühlings süßer Bote!
Ja, dich lieben alle Musen,
Phöbus selber muß dich lieben,
Gaben dir die Silberstimme,
Dich ergreifet nie das Alter,
Weise, zarte, Dichterfreundin,
Ohne Fleisch und Blut geborne,
Leidenlose Erdentochter,
Fast den Göttern zu vergleichen.

Muro Torto vor der Porta del Popolo in Rom
1787

Amor ein Landschaftsmaler

Saß ich früh auf einer Felsenspitze,
Sah mit starren Augen in den Nebel,
Wie ein grau grundiertes Tuch gespannet,
Deckt' er alles in die Breit' und Höhe.

Stellt' ein Knabe sich mir an die Seite,
Sagte: Lieber Freund, wie magst du starrend
Auf das leere Tuch gelassen schauen?
Hast du denn zum Malen und zum Bilden
Alle Lust auf ewig wohl verloren?

Sah ich an das Kind, und dachte heimlich:
Will das Bübchen doch den Meister machen!

Willst du immer trüb' und müßig bleiben,
Sprach der Knabe, kann nichts kluges werden:
Sieh, ich will dir gleich ein Bildchen malen,
Dich ein hübsches Bildchen malen lehren.

Und er richtete den Zeigefinger,
Der so rötlich war wie eine Rose,
Nach dem weiten ausgespannten Teppich,
Fing mit seinem Finger an zu zeichnen:

Oben malt' er eine schöne Sonne,
Die mir in die Augen mächtig glänzte,
Und den Saum der Wolken macht' er golden,
Ließ die Strahlen durch die Wolken dringen;
Malte dann die zarten leichten Wipfel

Frisch erquickter Bäume, zog die Hügel,
Einen nach dem andern frei dahinter;
Unten ließ er's nicht an Wasser fehlen,
Zeichnete den Fluß so ganz natürlich,
Daß er schien im Sonnenstrahl zu glitzern,
Daß er schien am hohen Rand zu rauschen.

Ach da standen Blumen an dem Flusse,
Und da waren Farben auf der Wiese,
Gold und Schmelz und Purpur und ein Grünes,
Alles wie Schmaragd und wie Karfunkel!
Hell und rein lasiert er drauf den Himmel,
Und die blauen Berge fern und ferner:
Daß ich ganz entzückt und neu geboren
Bald den Maler, bald das Bild beschaute.

Hab' ich doch, so sagt' er, dir bewiesen,
Daß ich dieses Handwerk gut verstehe;
Doch es ist das schwerste noch zurücke.

Zeichnete darnach mit spitzem Finger
Und mit großer Sorgfalt an dem Wäldchen,
G'rad an's Ende, wo die Sonne kräftig
Von dem hellen Boden wiederglänzte,
Zeichnete das allerliebste Mädchen,
Wohlgebildet, zierlich angekleidet,
Frische Wangen unter braunen Haaren,
Und die Wangen waren von der Farbe,
Wie das Fingerchen, das sie gebildet.

O du Knabe, rief ich, welch ein Meister
Hat in seine Schule dich genommen,

Daß du so geschwind und so natürlich
Alles klug beginnst und gut vollendest?

Da ich noch so rede, sieh, da rühret
Sich ein Windchen, und bewegt die Gipfel,
Kräuselt alle Wellen auf dem Flusse,
Füllt den Schleier des vollkommnen Mädchens,
Und was mich Erstaunten mehr erstaunte,
Fängt das Mädchen an den Fuß zu rühren,
Geht zu kommen, nähert sich dem Orte,
Wo ich mit dem losen Lehrer sitze.

Da nun alles, alles sich bewegte,
Bäume, Fluß und Blumen und der Schleier
Und der zarte Fuß der Allerschönsten;
Glaubt ihr wohl, ich sei auf meinem Felsen,
Wie ein Felsen, still und fest geblieben?

Künstlers Abendlied

Ach, daß die innre Schöpfungskraft
Durch meinen Sinn erschölle!
Daß eine Bildung voller Saft
Aus meinen Fingern quölle!

Ich zittre nur, ich stottre nur,
Und kann es doch nicht lassen;
Ich fühl', ich kenne dich, Natur,
Und so muß ich dich fassen.

Bedenk' ich dann, wie manches Jahr
Sich schon mein Sinn erschließet,
Wie er, wo dürre Heide war,
Nun Freudenquell genießet;

Wie sehn' ich mich, Natur, nach dir,
Dich treu und lieb zu fühlen!
Ein lust'ger Springbrunn, wirst du mir
Aus tausend Röhren spielen.

Wirst alle meine Kräfte mir
In meinem Sinn erheitern,
Und dieses enge Dasein mir
Zur Ewigkeit erweitern.

Heidenröslein

Sah ein Knab' ein Röslein stehn,
Röslein auf der Heiden,
War so jung und morgenschön,
Lief er schnell es nah zu sehn,
Sah's mit vielen Freuden.
Röslein, Röslein, Röslein rot,
Röslein auf der Heiden.

Knabe sprach: ich breche dich,
Röslein auf der Heiden!
Röslein sprach: ich steche dich,
Daß du ewig denkst an mich,
Und ich will's nicht leiden.
Röslein, Röslein, Röslein rot,
Röslein auf der Heiden.

Und der wilde Knabe brach
's Röslein auf der Heiden;
Röslein wehrte sich und stach,
Half ihr doch kein Weh und Ach,
Mußt es eben leiden.
Röslein, Röslein, Röslein rot,
Röslein auf der Heiden.

Meeres Stille

Tiefe Stille herrscht im Wasser,
Ohne Regung ruht das Meer,
Und bekümmert sieht der Schiffer
Glatte Fläche rings umher.
Keine Luft von keiner Seite!
Todesstille fürchterlich!
In der ungeheuern Weite
Reget keine Welle sich.

Sizilianische Landschaft
1787

Glückliche Fahrt

Die Nebel zerreißen,
Der Himmel ist helle,
Und Aeolus löset
Das ängstliche Band.
Es säuseln die Winde,
Es rührt sich der Schiffer.
Geschwinde! Geschwinde!
Es teilt sich die Welle,
Es naht sich die Ferne,
Schon seh' ich das Land!

An Mignon

Über Tal und Fluß getragen
Ziehet rein der Sonne Wagen.
Ach! sie regt, in ihrem Lauf,
So wie deine, meine Schmerzen,
Tief im Herzen,
Immer Morgens wieder auf.

Kaum will mir die Nacht noch frommen;
Denn die Träume selber kommen
Nun in trauriger Gestalt,
Und ich fühle dieser Schmerzen,
Still im Herzen,
Heimlich bildende Gewalt.

Schon seit manchen schönen Jahren
Seh' ich unten Schiffe fahren,
Jedes kommt an seinen Ort;
Aber ach! die steten Schmerzen,
Fest im Herzen,
Schwimmen nicht im Strome fort.

Schön in Kleidern muß ich kommen;
Aus dem Schrank sind sie genommen,
Weil es heute Festtag ist.
Niemand ahndet, daß von Schmerzen
Herz im Herzen
Grimmig mir zerrissen ist.

Heimlich muß ich immer weinen;
Aber freundlich kann ich scheinen
Und sogar gesund und rot.
Wären tödlich diese Schmerzen
Meinem Herzen,
Ach! schon lange wär' ich tot.

Die empfindsame Gärtnerin

Liebe Mutter, die Gespielen
Sagen mir schon manche Zeit
Daß ich besser sollte fühlen
Was Natur im Freien beut.
Bin ich hinter diesen Mauern,
Diesen Hecken, diesem Bux
Wollen sie mich nur bedauern
Neben diesem alten Jux.

Solche schroffe grüne Wände
Ließen sie nicht länger stehn;
Kann man doch von einem Ende
Gleich bis an das andre sehn.
Von der Schere fallen Blätter,
Fallen Blüten, welch ein Schmerz!
Asmus, unser lieber Vetter.
Nennt es puren Schneiderscherz.

Stehn die Pappeln doch so prächtig
Um des Nachbars Gartenhaus;
Und bei uns wie niederträchtig
Nehmen sich die Zwiebeln aus!
Wollt ihr nicht den Wunsch erfüllen –
Ich bescheide mich ja wohl!
Heuer nur, um Gotteswillen,
Liebe Mutter, keinen Kohl!

Nachgefühl

Wenn die Reben wieder blühen,
Rühret sich der Wein im Fasse;
Wenn die Rosen wieder glühen,
Weiß ich nicht wie mir geschieht.

Tränen rinnen von den Wangen,
Was ich tue, was ich lasse.
Nur ein unbestimmt Verlangen
Fühl' ich, das die Brust durchglüht.

Und zuletzt muß ich mir sagen,
Wenn ich mich bedenk' und fasse,
Daß, in solchen schönen Tagen,
Doris einst für mich geglüht.

Die Musageten

Oft in tiefen Winternächten
Rief ich an die holden Musen:
Keine Morgenröte leuchtet
Und es will kein Tag erscheinen,
Aber bringt zur rechten Stunde
Mir der Lampe fromm Geleuchte,
Daß es, statt Auror und Phöbus,
Meinen stillen Fleiß belebe.
Doch sie ließen mich im Schlafe,
Dumpf und unerquicklich, liegen,
Und nach jedem späten Morgen
Folgten ungenutzte Tage.

Da sich nun der Frühling regte
Sagt ich zu den Nachtigallen:
Liebe Nachtigallen schlaget
Früh, o früh! vor meinem Fenster,
Weckt mich aus dem vollen Schlafe,
Der den Jüngling mächtig fesselt.
Doch die lieberfüllten Sänger
Dehnten Nachts vor meinem Fenster
Ihre süßen Melodien,
Hielten wach die liebe Seele,
Regten zartes neues Sehnen
Aus dem neugerührten Busen,
Und so ging die Nacht vorüber
Und Aurora fand mich schlafen,
Ja mich weckte kaum die Sonne.

Endlich ist es Sommer worden
Und beim ersten Morgenschimmer
Reizt mich aus dem holden Schlummer
Die geschäftig frühe Fliege
Unbarmherzig kehrt sie wieder
Wenn auch oft der halberwachte
Ungeduldig sie verscheuchet,
Lockt die unverschämten Schwestern
Und von meinen Augenlidern
Muß der holde Schlaf entweichen.
Rüstig spring ich von dem Lager
Suche die geliebten Musen,
Finde sie im Buchenhaine
Mich gefällig zu empfangen.
Und den leidigen Insekten
Dank ich manche goldne Stunde,
Seid mir doch, ihr unbequemen,
Von dem Dichter hochgepriesen,
Als die wahren Musageten.

Winterliche Mondnacht am Schansee bei Weimar
1777/78

Der Musensohn

Durch Feld und Wald zu schweifen,
Mein Liedchen wegzupfeifen,
So geht's von Ort zu Ort!
Und nach dem Takte reget,
Und nach dem Maß beweget
Sich alles an mir fort.

Ich kann sie kaum erwarten
Die erste Blum' im Garten,
Die erste Blüt' am Baum.
Sie grüßen meine Lieder,
Und kommt der Winter wieder,
Sing' ich noch jenen Traum.

Ich sing' ihn in der Weite,
Auf Eises Läng' und Breite,
Da blüht der Winter schön!
Auch diese Blüte schwindet,
Und neue Freude findet
Sich auf bebauten Höhn.

Denn wie ich bei der Linde
Das junge Völkchen finde,
Sogleich erreg' ich sie.
Der stumpfe Bursche bläht sich,
Das steife Mädchen dreht sich
Nach meiner Melodie.

Ihr gebt den Sohlen Flügel,
Und treibt durch Tal und Hügel
Den Liebling weit von Haus.
Ihr lieben holden Musen,
Wann ruh' ich ihr am Busen
Auch endlich wieder aus?

Frühzeitiger Frühling

Tage der Wonne
Kommt ihr so bald?
Schenkt mir die Sonne,
Hügel und Wald?

Reichlicher fließen
Bächlein zumal.
Sind es die Wiesen?
Ist es das Tal?

Blauliche Frische!
Himmel und Höh!
Goldene Fische
Wimmeln im See.

Buntes Gefieder
Rauschet im Hain;
Himmlische Lieder
Schallen darein.

Unter des Grünen
Blühender Kraft,
Naschen die Bienen
Summend am Saft.

Leise Bewegung
Bebt in der Luft,
Reizende Regung,
Schläfernder Duft.

Mächtiger rühret
Bald sich ein Hauch,
Doch er verlieret
Gleich sich im Strauch.

Aber zum Busen
Kehrt er zurück.
Helfet, ihr Musen,
Tragen das Glück!

Saget seit gestern,
Wie mir geschah?
Liebliche Schwestern,
Liebchen ist da!

Sehnsucht

Was zieht mir das Herz so?
Was zieht mich hinaus?
Und windet und schraubt mich
Aus Zimmer und Haus?
Wie dort sich die Wolken
Um Felsen verziehn!
Da möcht' ich hinüber,
Da möcht' ich wohl hin!

Nun wiegt sich der Raben
Geselliger Flug;
Ich mische mich drunter
Und folge dem Zug.
Und Berg und Gemäuer
Umfittigen wir;
Sie weilet da drunten;
Ich spähe nach ihr.

Da kommt sie und wandelt;
Ich eile sobald,
Ein singender Vogel,
Zum buschigen Wald.
Sie weilet und horchet,
Und lächelt mit sich:
»Er singet so lieblich
Und singt es an mich.«

Die scheidende Sonne
Verguldet die Höhn;

Die sinnende Schöne
Sie läßt es geschehn.
Sie wandelt am Bache
Die Wiesen entlang,
Und finster und finstrer
Umschlingt sich der Gang;

Auf einmal erschein' ich
Ein blinkender Stern.
»Was glänzet da droben?
So nah und so fern?«
Und hast du, mit Staunen,
Das Leuchten erblickt;
Ich lieg dir zu Füßen,
Da bin ich beglückt!

Motiv aus der Villa Borghese
1787

Dauer im Wechsel

Hielte diesen frühen Segen,
Ach nur Eine Stunde fest!
Aber vollen Blütenregen
Schüttelt schon der laue West.
Soll ich mich des Grünen freuen?
Dem ich Schatten erst verdankt;
Bald wird Sturm auch das zerstreuen,
Wenn es falb im Herbst geschwankt.

Willst du nach den Früchten greifen;
Eilig nimm dein Teil davon!
Diese fangen an zu reifen
Und die andern keimen schon;
Gleich, mit jedem Regengusse,
Ändert sich dein holdes Tal,
Ach! und in demselben Flusse
Schwimmst du nicht zum zweitenmal.

Du nun selbst! Was felsenfeste
Sich vor dir hervorgetan,
Mauern siehst du, siehst Paläste
Stets mit andern Augen an.
Weggeschwunden ist die Lippe,
Die im Kusse sonst genas,
Jener Fuß, der an der Klippe
Sich, mit Gemsenfreche, maß.

Jene Hand, die gern und milde
Sich bewegte wohlzutun,

Das gegliederte Gebilde,
Alles ist ein andres nun.
Und was sich, an jener Stelle,
Nun mit deinem Namen nennt,
Kam herbei, wie eine Welle,
Und so eilt's zum Element.

Laß den Anfang mit dem Ende
Sich in Eins zusammenziehn!
Schneller als die Gegenstände
Selber dich vorüberfliehn.
Danke, daß die Gunst der Musen
Unvergängliches verheißt,
Den Gehalt in deinem Busen
Und die Form in deinem Geist.

Blumengruß

Der Strauß, den ich gepflücket,
Grüße dich viel tausendmal!
Ich habe mich oft gebücket,
Ach! wohl ein tausendmal,
Und ihn ans Herz gedrücket
Wie hunderttausendmal!

Gegenwart

Alles kündet Dich an!
Erscheinet die herrliche Sonne,
Folgst Du, so hoff' ich es, bald.

Trittst Du im Garten hervor,
So bist Du die Rose der Rosen,
Lilie der Lilien zugleich.

Wenn Du im Tanze Dich regst,
So regen sich alle Gestirne
Mit Dir und um Dich umher.

Nacht! und so wär' es denn Nacht!
Nun überscheinst Du des Mondes
Lieblichen, ladenden Glanz.

Ladend und lieblich bist Du,
Und Blumen, Mond und Gestirne
Huldigen, Sonne, nur Dir.

Sonne! so sei Du auch mir
Die Schöpferin herrlicher Tage;
Leben und Ewigkeit ist's.

Gefunden

Ich ging im Walde
So für mich hin,
Und nichts zu suchen
Das war mein Sinn.

Im Schatten sah' ich
Ein Blümchen stehn,
Wie Sterne leuchtend,
Wie Äuglein schön.

Ich wollt' es brechen;
Da sagt' es fein:
Soll ich zum Welken
Gebrochen sein?

Ich grub's mit allen
Den Würzlein aus,
Zum Garten trug ich's
Am hübschen Haus.

Und pflanzt es wieder
Am stillen Ort;
Nun zweigt es immer
Und blüht so fort.

Künstler-Lied

Zu erfinden, zu beschließen
Bleibe, Künstler, oft allein,
Deines Wirkens zu genießen
Eile freudig zum Verein!
Dort im Ganzen schau, erfahre
Deinen eignen Lebenslauf,
Und die Taten mancher Jahre
Gehn dir in dem Nachbar auf.

Der Gedanke, das Entwerfen,
Die Gestalten, ihr Bezug,
Eines wird das andre schärfen,
Und am Ende sei's genug!
Wohl erfunden, klug ersonnen,
Schön gebildet, zart vollbracht,
So von jeher hat gewonnen
Künstler kunstreich seine Macht.

Wie Natur im Vielgebilde
Einen Gott nur offenbart,
So im weiten Kunstgefilde
Webt ein Sinn der ew'gen Art;
Dieses ist der Sinn der Wahrheit,
Der sich nur mit Schönem schmückt
Und getrost der höchsten Klarheit
Hellsten Tags entgegenblickt.

Wie beherzt in Reim und Prose
Redner, Dichter sich ergehn,

Soll des Lebens heitre Rose
Frisch auf Malertafel stehn,
Mit Geschwistern reich umgeben,
Mit des Herbstes Frucht umlegt,
Daß sie von geheimem Leben
Offenbaren Sinn erregt.

Tausendfach und schön entfließe
Form aus Formen deiner Hand,
Und im Menschenbild genieße,
Daß ein Gott sich hergewandt.
Welch ein Werkzeug ihr gebrauchet,
Stellet euch als Brüder dar;
Und gesangweis flammt und rauchet
Opfersäule vom Altar.

Immer und überall

Dringe tief zu Berges Grüften,
Wolken folge hoch zu Lüften;
Muse ruft zu Bach und Tale
Tausend aber tausend Male.

Sobald ein frisches Kelchlein blüht,
Es fordert neue Lieder;
Und wenn die Zeit verrauschend flieht,
Jahrszeiten kommen wieder.

Blick vom Ätna
1787

März

Es ist ein Schnee gefallen,
Denn es ist noch nicht Zeit
Daß von den Blümlein allen,
Daß von den Blümlein allen
Wir werden hoch erfreut.

Der Sonnenblick betrüget
Mit mildem falschem Schein,
Die Schwalbe selber lüget,
Die Schwalbe selber lüget,
Warum? Sie kommt allein!

Sollt' ich mich einzeln freuen,
Wenn auch der Frühling nah?
Doch kommen wir zu zweien
Doch kommen wir zu zweien,
Gleich ist der Sommer da.

April

Augen sagt mir, sagt was sagt ihr?
Denn ihr sagt was gar zu Schönes,
Gar des lieblichen Getönes;
Und in gleichem Sinne fragt ihr.

Doch ich glaub euch zu erfassen:
Hinter dieser Augen Klarheit
Ruht ein Herz in Lieb' und Wahrheit
Jetzt sich selber überlassen,

Dem es wohl behagen müßte,
Unter so viel stumpfen, blinden,
Endlich einen Blick zu finden
Der es auch zu schätzen wüßte.

Und indem ich diese Chiffern
Mich versenke zu studieren,
Laßt euch ebenfalls verführen
Meine Blicke zu entziffern!

Hügellandschaft mit zwei Bäumen im Vordergrund
1787

Mai

Leichte Silberwolken schweben
Durch die erst erwärmten Lüfte,
Mild, von Schimmer sanft umgeben,
Blickt die Sonne durch die Düfte;
Leise wallt und drängt die Welle
Sich am reichen Ufer hin,
Und wie reingewaschen helle,
Schwankend hin und her und hin,
Spiegelt sich das junge Grün.

Still ist Luft und Lüftchen stille;
Was bewegt mir das Gezweige?
Schwüle Liebe dieser Fülle,
Von den Bäumen durch's Gesträuche.
Nun der Blick auf einmal helle,
Sieh! der Bübchen Flatterschar,
Das bewegt und regt so schnelle,
Wie der Morgen sie gebar,
Flügelhaft sich Paar und Paar.

Fangen an das Dach zu flechten; –
Wer bedürfte dieser Hütte? –
Und wie Zimmrer, die gerechten,
Bank und Tischchen in der Mitte!
Und so bin ich noch verwundert,
Sonne sinkt, ich fühl' es kaum;
Und nun führen aber hundert
Mir das Liebchen in den Raum,
Tag und Abend, welch ein Traum!

Juni

Hinter jenem Berge wohnt
Sie, die meine Liebe lohnt.
Sage, Berg, was ist denn das?
Ist mir doch als wärst du Glas,

Und ich wär' nicht weit davon;
Denn sie kommt, ich seh' es schon,
Traurig, denn ich bin nicht da,
Lächelnd, ja, sie weiß es ja!

Nun stellt sich dazwischen
Ein kühles Tal mit leichten Büschen,
Bächen, Wiesen und dergleichen,
Mühlen und Rändern, den schönsten Zeichen
Daß da gleich wird eine Fläche kommen,
Weite Felder unbeklommen.
Und so immer, immer heraus,
Bis mir an Garten und Haus!

Aber wie geschicht's?
Freut mich das alles nicht –
Freute mich des Gesichts
Und der zwei Äuglein Glanz,
Freute mich des leichten Gangs,
Und wie ich sie seh'
Vom Zopf zur Zeh!

Sie ist fort, ich bin hier,
Ich bin weg, bin bei ihr.

Wandelt sie auf schroffen Hügeln,
Eilet sie das Tal entlang,
Da erklingt es wie mit Flügeln,
Da bewegt sich's wie Gesang.

Und auf diese Jugendfülle,
Dieser Glieder frohe Pracht
Harret einer in der Stille,
Den sie einzig glücklich macht.

Liebe steht ihr gar zu schön,
Schönres hab' ich nie gesehn!
Bricht ihr doch ein Blumenflor
Aus dem Herzen leicht hervor.

Denk ich: soll es doch so sein!
Das erquickt mir Mark und Bein;
Wähn' ich wohl, wenn sie mich liebt,
Daß es noch was beßres gibt?

Und noch schöner ist die Braut,
Wenn sie sich mir ganz vertraut,
Wenn sie spricht und mir erzählt,
Was sie freut und was sie quält.

Wie's ihr ist und wie's ihr war,
Kenn' ich sie doch ganz und gar.
Wer gewänn' an Seel' und Leib
Solch ein Kind und solch ein Weib!

Frühling über's Jahr

Das Beet schon lockert
Sich's in die Höh,
Da wanken Glöckchen
So weiß wie Schnee;
Safran entfaltet
Gewalt'ge Glut,
Smaragden keimt es
Und keimt wie Blut.
Primeln stolzieren
So naseweis,
Schalkhafte Veilchen
Versteckt mit Fleiß;
Was auch noch alles
Da regt und webt,
Genug der Frühling
Er wirkt und lebt.

Doch was im Garten
Am reichsten blüht,
Das ist des Liebchens
Lieblich Gemüt.
Da glühen Blicke
Mir immerfort,
Erregend Liedchen,
Erheiternd Wort,
Ein immer offen,
Ein Blütenherz,
Im Ernste freundlich
Und rein im Scherz.

Wenn Ros' und Lilie
Der Sommer bringt,
Er doch vergebens
Mit Liebchen ringt.

Grundbedingung

Sprichst du von Natur und Kunst,
Habe beide stets vor Augen:
Denn was will die Rede taugen
Ohne Gegenwart und Gunst!

Eh du von der Liebe sprichst
Laß sie erst im Herzen leben,
Eines holden Angesichts
Phosphorglanz dir Feuer geben.

Parabase

Freudig war, vor vielen Jahren,
Eifrig so der Geist bestrebt,
Zu erforschen, zu erfahren,
Wie Natur im Schaffen lebt.
Und es ist das ewig Eine,
Das sich vielfach offenbart;
Klein das Große, groß das Kleine,
Alles nach der eignen Art.
Immer wechselnd, fest sich haltend.
Nah und fern und fern und nah;
So gestaltend, umgestaltend –
Zum Erstaunen bin ich da.

Epirrhema

Müsset im Naturbetrachten
Immer eins wie alles achten;
Nichts ist drinnen, nichts ist draußen:
Denn was innen das ist außen.
So ergreifet ohne Säumnis
Heilig öffentlich Geheimnis.

Freuet euch des wahren Scheins,
Euch des ernsten Spieles:
Kein Lebendiges ist ein Eins,
Immer ist's ein Vieles.

Schwebender Genius
über der Erdkugel

Zwischen oben, zwischen unten,
Schweb' ich hin zu muntrer Schau,
Ich ergötze mich am Bunten,
Ich erquicke mich am Blau.
   Und wenn mich am Tag die Ferne
Luftiger Berge sehnlich zieht,
Nachts das Übermaß der Sterne
Prächtig mir zu Häupten glüht,
   Alle Tag' und alle Nächte
Rühm' ich so des Menschen Los;
Denkt er ewig sich in's Rechte.
Ist er ewig schön und groß.

Memento mori! gibt's genug,
Mag sie nicht hererzählen;
Warum sollt' ich im Lebensflug
Dich mit der Grenze quälen!
Drum, als ein alter Knasterbart,
Empfehl' ich dir docendo:
Mein teurer Freund, nach deiner Art,
Nur vivere memento!

Wenn am Tag Zenit und Ferne
Blau in's Ungemess'ne fließt,
Nachts die Überwucht der Sterne
Himmlische Gewölbe schließt,
So am Grünen, so am Bunten

Kräftigt sich ein reiner Sinn,
Und das Oben, wie das Unten
Bringt dem edlen Geist Gewinn.

Ideallandschaft mit Tempelruine
und vulkanischem Bergkegel
1787

Dornburg

Früh wenn Tal, Gebirg und Garten
Nebelschleiern sich enthüllen,
Und dem sehnlichsten Erwarten
Blumenkelche bunt sich füllen;

Wenn der Äther, Wolken tragend,
Mit dem klaren Tage streitet,
Und ein Ostwind, sie verjagend,
Blaue Sonnenbahn bereitet;

Dankst du dann, am Blick dich weidend,
Reiner Brust der Großen, Holden,
Wird die Sonne, rötlich scheidend,
Rings den Horizont vergolden.

Ein Gleichnis

Jüngst pflückt' ich einen Wiesenstrauß,
Trug ihn gedankenvoll nach Haus,
Da hatten von der warmen Hand
Die Kronen sich alle zur Erde gewandt.
Ich setzte sie in frisches Glas
Und welch ein Wunder war mir das!
Die Köpfchen hoben sich empor,
Die Blätterstengel im grünen Flor,
Und allzusammen so gesund
Als stünden sie noch auf Muttergrund.

So war mir's als ich wundersam
Mein Lied in fremder Sprache vernahm.

Chinesisch-deutsche Jahres- und Tageszeiten

I

Sag was könnt' uns Mandarinen,
Satt zu herrschen, müd zu dienen,
Sag was könnt' uns übrig bleiben,
Als in solchen Frühlingstagen
Uns des Nordens zu entschlagen
Und am Wasser und im Grünen
Fröhlich trinken, geistig schreiben,
Schal' auf Schale, Zug in Zügen?

II

Weiß wie Lilien, reine Kerzen,
Sternen gleich, bescheidner Beugung,
Leuchtet aus dem Mittelherzen
Rot gesäumt die Glut der Neigung.

So frühzeitige Narzissen
Blühen reihenweis im Garten.
Mögen wohl die Guten wissen,
Wen sie so spaliert erwarten.

III

Ziehn die Schafe von der Wiese,
Liegt sie da, ein reines Grün,
Aber bald zum Paradiese
Wird sie bunt geblümt erblühn.

Hoffnung breitet lichte Schleier
Nebelhaft vor unsern Blick:

Wunscherfüllung, Sonnenfeier
Wolkenteilend bring' uns Glück.

IV

Der Pfau schreit häßlich, aber sein Geschrei
Erinnert mich an's himmlische Gefieder,
So ist mir auch sein Schreien nicht zuwider.
Mit Indischen Gänsen ist's nicht gleicherlei,
Sie zu erdulden ist unmöglich:
Die Häßlichen sie schreien unerträglich.

V

Entwickle deiner Lüste Glanz
Der Abendsonne goldnen Strahlen,
Laß deines Schweifes Rad und Kranz
Kühn-äugelnd ihr entgegen prahlen.
Sie forscht wo es im Grünen blüht,
Im Garten überwölbt vom Blauen;
Ein Liebespaar wo sie's ersieht,
Glaubt sie das Herrlichste zu schauen.

VI

Der Guckuck wie die Nachtigall
Sie mögten den Frühling fesseln,
Doch drängt der Sommer schon überall
Mit Disteln und mit Nesseln;
Auch mir hat er das leichte Laub
An jenem Baum verdichtet,
Durch das ich sonst zu schönstem Raub
Den Liebesblick gerichtet;
Verdeckt ist mir das bunte Dach,
Die Gitter und die Pfosten,

Wohin mein Auge spähend brach,
Dort ewig bleibt mein Osten.

VII

War schöner als der schönste Tag,
Drum muß man mir verzeihen,
Daß ich sie nicht vergessen mag
Am wenigsten im Freien.
Im Garten war's, Sie kam heran,
Mir ihre Gunst zu zeigen;
Das fühl' ich noch und denke dran,
Und bleib' ihr ganz zu eigen.

VIII

Dämmrung senkte sich von oben,
Schon ist alle Nähe fern;
Doch zuerst emporgehoben
Holden Lichts der Abendstern!
Alles schwankt in's Ungewisse
Nebel schleichen in die Höh;
Schwarzvertiefte Finsternisse
Widerspiegelnd ruht der See.

Nun im östlichen Bereiche
Ahnd' ich Mondenglanz und Glut,
Schlanker Weiden Haargezweige
Scherzen auf der nächsten Flut.
Durch bewegter Schatten Spiele
Zittert Luna's Zauberschein,
Und durch's Auge schleicht die Kühle
Sänftigend in's Herz hinein.

IX

Nun weiß man erst was Rosenknospe sei,
Jetzt, da die Rosenzeit vorbei;
Ein Spätling noch am Stocke glänzt
Und ganz allein die Blumenwelt ergänzt.

X

Als Allerschönste bist du anerkannt,
Bist Königin des Blumenreichs genannt;
Unwidersprechlich allgemeines Zeugnis,
Streitsucht verbannend, wundersam Ereignis!
Du bist es also, bist kein bloßer Schein,
In dir trifft Schau'n und Glauben überein;
Doch Forschung strebt und ringt, ermüdend nie,
Nach dem Gesetz, dem Grund *Warum* und *Wie*.

XI

Mich ängstigt das Verfängliche
Im widrigen Geschwätz,
Wo nichts verharret alles flieht,
Wo schon verschwunden was man sieht;
Und mich umfängt das bängliche
Das graugestrickte Netz. –
»Getrost! Das Unvergängliche
Es ist das ewige Gesetz
Wonach die Ros' und Lilie blüht.«

XII

Hingesunken alten Träumen
Buhlst mit Rosen, sprichst mit Bäumen,
Statt der Mädchen statt der Weisen;
Können das nicht löblich preisen,

Kommen deshalb die Gesellen
Sich zur Seite dir zu stellen,
Finden, dir und uns zu dienen,
Pinsel, Farbe, Wein im Grünen.

XIII

Die stille Freude wollt ihr stören?
Laßt mich bei meinem Becher Wein;
Mit andern kann man sich belehren,
Begeistert wird man nur allein.

XIV

»Nun denn! Eh' wir von hinnen eilen
Hast noch was Kluges mitzuteilen?«

Sehnsucht in's Ferne, Künftige zu beschwichtigen,
Beschäftige dich hier und heut im Tüchtigen.

Flußlandschaft mit Baumgruppe im Rund
um 1807/09

Nachbemerkung

Es war ein Aufbruch, der ganz Europa erfaßte: Eine junge Generation von Schriftstellern begehrte auf gegen die Väter. Die Sturm-und-Drang-Bewegung der siebziger Jahre des 18. Jahrhunderts wollte sich von erstarrten Traditionen befreien und die herrschenden Konventionen sprengen. Freiheit und Natürlichkeit waren die Ideale, mit denen die Autoren auch neue literarische Themen und Formen entdeckten. Der Epochenbruch von 1789 ist der programmatische Ausdruck und die weltpolitische Zuspitzung einer Stimmung, die bereits viele Jahre zuvor artikuliert worden war.

Die Befreiung von den Zwängen einer noch feudal geprägten Gesellschaft und ihrer Kultur, die neuen Ideen von Gleichheit und Freiheit, von Freundschaft und Liebe wurden unmittelbar und enthusiastisch, mit einer bis dahin unbekannten Sprache des Gefühls, verkündet. Und sie hatten einen fundamentalen Bezugspunkt: die Natur. Sie ist einfach da, vor jeder menschlichen Tätigkeit, vor jeder Technik, vor jeder Zivilisation. So wurde Natur nicht allein zur kritischen Kategorie, sie wurde zum revolutionären Kennwort. Und sie galt es neu zu entdecken, zu beschreiben, zu preisen; ihre literarisch-kulturelle Tauglichkeit war ebenso zu prüfen wie ihre philosophischen und religiösen Dimensionen neu zu erkunden. Dies aber nicht in einem dogmatisch-verbindlichen Diskurs, wie ihn die vorausgehenden Epochen gepflegt hatten, sondern mit gänzlich unerprobten Methoden.

In Goethes Leben und Werk ist die Natur – wie die Liebe – das große Thema. Ob in Straßburg oder Wetzlar, in Weimar oder Rom, in Jena oder Karlsbad – über viele Jahrzehnte hat er sich naturwissenschaftlichen und naturphilosophischen Fragen gewidmet. Bereits früh standen ihm Helfer zur Seite, voran Johann Gottfried Herder und der holländische Philosoph des 17. Jahrhunderts, Baruch de Spinoza, der im letzten Drittel des 18. Jahrhunderts eine Renaissance erlebte – indem er des Atheismus verdächtigt wurde. Lebenslang blieb Goethe fasziniert von den Phänomenen und dem Geheimnis der Natur; in den Briefen und Gesprächen der letzten Jahre steht ihre Unvergänglichkeit im Mittelpunkt.

Sein Werk »Zur Farbenlehre« hat er selbst für bedeutender als den »Faust« gehalten, seine Schriften zur Naturwissenschaft, zu Geologie, Mineralogie, Botanik, Zoologie und Meteorologie füllen umfangreiche Bände. Aber auch in seinem dichterischen Werk, in Dramen, Romanen und in der Lyrik, ist Natur als Thema, Motiv und Metapher gegenwärtig. Sich ihr anzuvertrauen verspricht Glück, gegen sie aufzubegehren, sie bändigen zu wollen führt zum Verhängnis. So offenbart dem tragischen Helden Werther zwar alles, was er wahrnimmt, das »innere, glühende, heilige Leben der Natur«, doch er vermag sich ihr nicht zu überlassen, und in den »Wahlverwandtschaften« scheitert Ottilie an der Künstlichkeit von Park und See.

Die Natur entzieht sich, davon ist Goethe überzeugt, jeder festen, eindeutigen Definition, sie »hat kein System«, »sie ist Leben und Folge aus einem unbekannten Zentrum«. Dieses unbekannte Zentrum ist das Göttliche. Nur an den Erscheinungen läßt es sich erkennen; in ihnen wird das universale Prinzip anschaulich: der Wechsel von Werden, Vergehen und Neuentstehen, von Ein- und Ausatmen, von Polarität und Steigerung – Gott ist in allem, und alles ist in Gott.

Am eindringlichsten sprechen Goethes Gedichte, mal liedhaft und verhalten, mal begeistert und hymnisch, von der Begegnung mit der Natur, von der Erfahrung des Lebendigen, von der Fülle des Seins in all seinen Erscheinungen, im Kleinen wie im Großen, im Einzelnen und im Ganzen. Und damit sprechen sie auch von der Liebe – und von der Kunst. »Natur und Kunst, sie scheinen sich zu fliehen«, so heißt es in einem Gedicht aus dem Jahr 1800, »Und haben sich, eh man es denkt, gefunden; / Der Widerwille ist auch mir verschwunden, / Und beide scheinen gleich mich anzuziehen.«

Folgerichtig hat Goethe, obwohl auf ganz andere Weise, auch in seinen Zeichnungen und Aquarellen die Natur in ihren vielfältigen Erscheinungen zu erfassen versucht, als Offenbarung und Verheißung eines Unsichtbaren im sichtbaren Detail. Doch gleich in welcher Kunst, immer hat er sich eingelassen auf das Einzelne, Konkrete, Lebendige, mit genauem und liebenden Blick, ebenso ernsthaft wie humorvoll.

Textnachweise

Die Texte dieses Bandes folgen der Edition im Deutschen Klassiker Verlag:

Johann Wolfgang Goethe, Sämtliche Werke. Briefe, Tagebücher und Gespräche, Band 1: Gedichte 1756-1799, hg. v. Karl Eibl, Frankfurt am Main 1987; Band 2: Gedichte 1800-1832, hg. v. Karl Eibl, Frankfurt am Main 1988.

Die dort vorgenommene orthographische Modernisierung der Texte wurde hier beibehalten. D. h., modernisiert wurde lediglich die lautlich und syntaktisch nicht relevante Schreibweise bestimmter Formen (Thür zur Tür, bey zu bei, seyn zu sein u. ä.). Dagegen wurden Lautstand, Groß- und Kleinschreibung, Getrennt- und Zusammenschreibung entsprechend den Originalen beibehalten. Auch die Interpunktion blieb unverändert; ihr kommt bei Gedichten eine besondere – rhythmische – Bedeutung zu.
Sofern ein Gedicht in zwei oder mehreren Fassungen überliefert ist, wurde die Erstfassung gewählt. In wenigen – gekennzeichneten – Ausnahmefällen wurde von diesem Prinzip abgewichen, und zwar dann, wenn ein Gedicht erst in einer von der ersten erheblich abweichenden späteren Fassung populär geworden ist.

Inhalt

9. Auflage 2023. © Insel Verlag Frankfurt am Main und Leipzig 2003. Alle Rechte vorbehalten, insbesondere das der Übersetzung, des öffentlichen Vortrags sowie der Übertragung durch Rundfunk und Fernsehen, auch einzelner Teile. Kein Teil des Werkes darf in irgendeiner Form (durch Fotografie, Mikrofilm oder andere Verfahren) ohne schriftliche Genehmigung des Verlages reproduziert oder unter Verwendung elektronischer Systeme verarbeitet, vervielfältigt oder verbreitet werden. Bezugspapier: Italienisches Buntpapier, Modeldruck, Anfang 19. Jh. Deutsches Buch- und Schriftmuseum der Deutschen Bücherei Leipzig. Inventar-Nr. AE 18555. Gesetzt in der Schrift Bembo. Gedruckt auf holzfreies, alterungsbeständiges Werkdruckpapier der Firma LENK Paper Schleipen GmbH, Bad Dürkheim, von der Memminger MedienCentrum AG, Memmingen. Gebunden in Fadenheftung von der Josef Spinner Großbuchbinderei GmbH, Ottersweier. Dieses Buch wurde klimaneutral produziert: climatepartner.com/14438-2110-1001. Printed in Germany. Erste Auflage 2003.
ISBN 978-3-458-19240-4. www.insel-verlag.de